Ilustrado

CONOCIENDO UNA GUITARRA

Erick Ibarra
Anny Ibarra

Copyright©2022 por Erick Ibarra
@CUERDASTUTORIA
Escrito por: Erick Ibarra y Anny Ibarra
Edicion: Anny Ibarra
Diseño e Ilustracion: Anny Ibarra

Todos los derechos reservados, ninguna parte de esta publicacion sera reproducida, distribuida o transmitida en cualqueir forma o de cualquier manera incluyendo reproducir este libro o porciones de el mismo en cualquier forma sin el permiso del autor.

Impreso en Estados Unidos de America
Primera Edicion: Agosto 2022

CONOCIENDO UNA GUITARRA

Los humanos tenemos diferentes partes que conforman nuestro cuerpo como: las manos, los brazos, los pies, las piernas, y la cabeza.

Asi mismo, los instrumentos musicales tambien tienen partes que conforman su cuerpo.

Vamos a conocer las partes que conforman el cuerpo de una guitarra.

El cuerpo de la guitarra se conecta con el cuello. Al cuello se le llama brazo o mastil

LA GUITARRA TAMBIEN TIENE OREJAS, ESCUCHASTE BIEN, OREJAS!

Pero no orejas humanas, son orejas de guitarra.

En lugar de dos orejitas son seis orejitas que se llaman clavijas. Y como lucen las orejas de guitarra? Pues lucen asi

CLAVIJA

Asi como los humanos tenemos cuerdas vocales que nos permiten hacer sonidos para hablar, y cantar tambien la guitarra tiene cuerdas que le permiten hacer sonidos

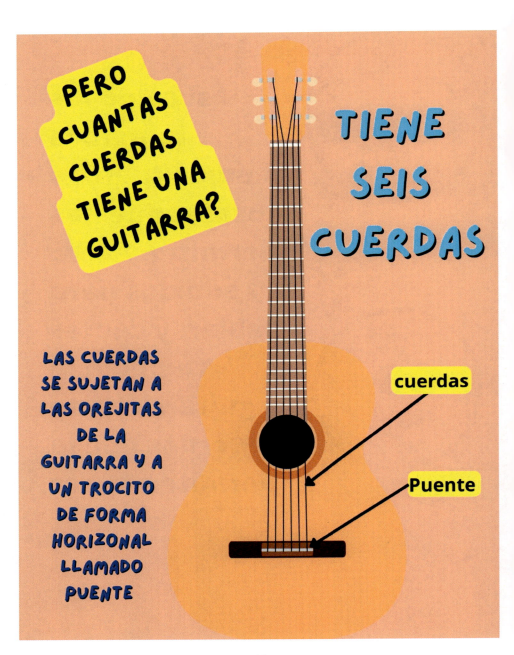

SI INTENTAS MOVER UNA CUERDA ESTA HARA UN SONIDO Y
SI MUEVES TODAS, SONARAN AUN MAS. INTENTALO!

Alguna vez imaginaste que la guitarra tenia tantas partes? Toquemos la guitarra con alegria para que la hagamos cantar y escuchemos sus maravillosos sonidos

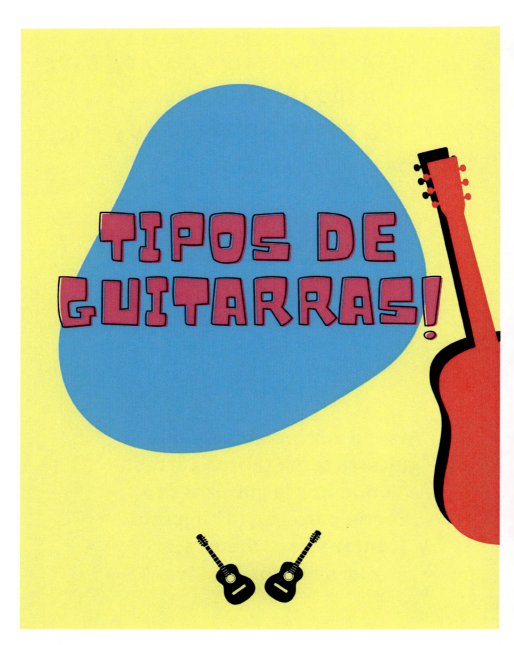

1 GUITARRA CLASICA

2 GUITARRA ACUSTICA

3 GUITARRA ELECTRICA

GUITARRA CLASICA

La guitarra flamenca es muy parecida a la clasica pero es mas pequeña y ha sido adaptada para las necesidades de la musica estilo flamenco

ESTA HECHA CON DIFERENTES TIPOS DE MADERAS PARA QUE SU SONIDO SEA MAS RESONANTE

GUITARRA ACUSTICA

EXISTEN VARIOS TIPOS DE GUITARRA ACUSTICA

GUITARRA JUMBO

GUITARRA DREADNOUGHT

GUITARRA DE AUDITORIO

GUITARRA PARLOUR

GUITARRA FOLK

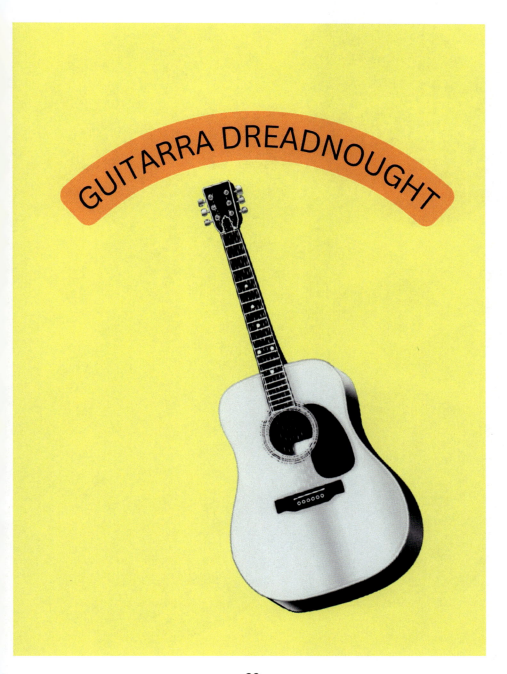

GUITARRA PARLOUR

Tiene una forma mas elongada y un sonido sorprendente

Es diseñada para tocar con los dedos

EL CUELLO COMIENZA EN EL TRASTE NUMERO 12

COMO EL TAMAÑO DE SU CUERPO ES PEQUEÑO LOS TONOS QUE EMITE SON MEDIOS

Tiene mayor calidad de elaboracion y una mayor proyeccion de sonido

Se llama de auditorio porque son utilizadas por guitarristas concertistas que interpretan obras solistas

GUITARRA ELECTRICA

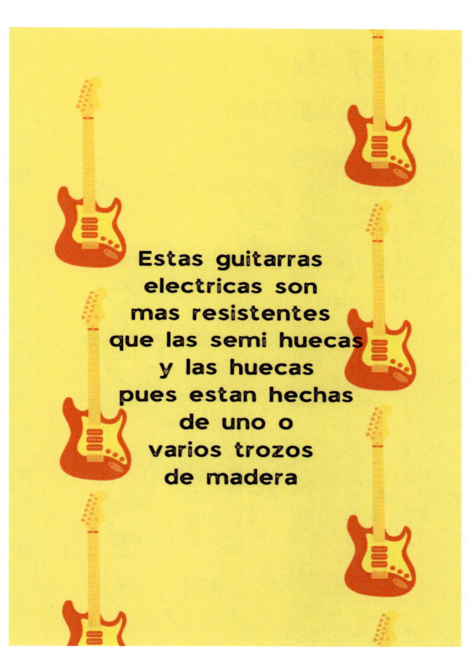

Estas guitarras electricas son mas resistentes que las semi huecas y las huecas pues estan hechas de uno o varios trozos de madera

Modelo Stratocaster

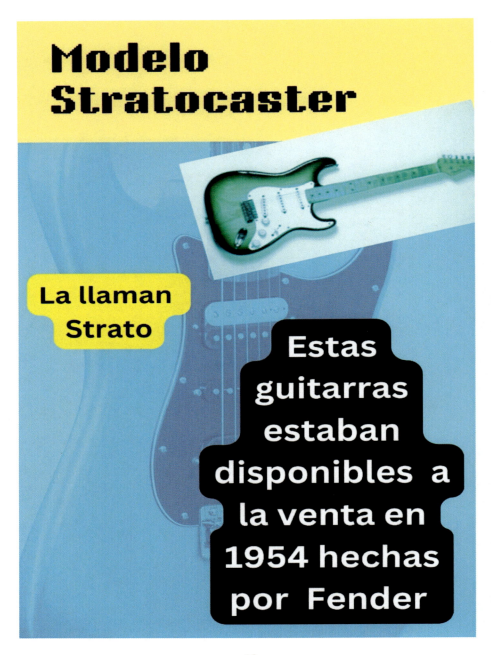

La llaman Strato

Estas guitarras estaban disponibles a la venta en 1954 hechas por Fender

Modelo Stratocaster

se usa para tocar generos musicales como country, rock, pop, folk, soul, blues, r&b

Modelo Telecaster

LLAMADA BROADCASTER EN EL PASADO, PARA LUEGO SER LLAMADA TELECASTER

ES MUY VERSATIL EN CUANTO A LOS GENEROS QUE PODEMOS TOCAR CON ELLA DESDE ROCK HASTA COUNTRY

Modelo Super strat

FUE UNA GUITARRA DISEÑADA CON ALTA DISTORSION QUE LAS HACE EXCELENTES PARA EL ROCK PESADO

Modelo SG
(Solid Guitar)

ESTE TIPO DE GUITARRAS ES DE LA MARCA GIBSON SON MUY FAMOSAS A NIVEL MUNDIAL

Gibson

Es mas delgada que otras ademas tiene botones para aumentar o disminuir el tono y volumen

SU NOMBRE DERIVA DE GUITARRA SOLIDA Y ES MAS LIGERA QUE OTRAS

Modelo Les Paul

TAMBIEN DE LA MARCA

TIENEN UN SONIDO LIMPIO

COMUNMENTE USADAS PARA TOCAR ROCK 'N ROLL Y ALGUNAS VARIANTES DE JAZZ

Guitarra de cuerpo semi hueco

EL TONO O SONIDO ATRAVIESA TODO SU CUERPO

PUEDEN SER USADAS EN CASI CUALQUIER GENERO MUSICAL

Guitarra de cuerpo hueco

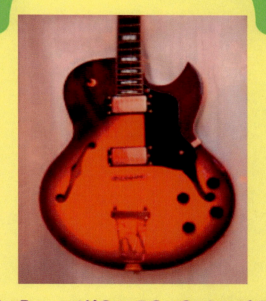

TIENEN MAYOR TONO ACUSTICO RESPALDOS TALLADOS Y FORMAS DE ARCOS SON UNA OBRA DE ARTE

Dedicado a todos los niños que sueñan con tener una guitarra

CONOCIENDO UNA GUITARRA

La guitarra es un instrumento maravilloso

Un libro que motiva a niños a aprender acerca de instrumentos musicales

ESTE LIBRO DESPERTARA LA CURIOSIDAD Y EL INTERES ACERCA DE LA MUSICA

@CUERDASTUTORIA

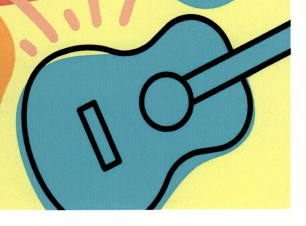